Ciranda escolar

COMPLETE A FRASE CONTORNANDO AS PALAVRAS PONTILHADAS E DEPOIS PINTE OS ANIMAIS.

A GIRAFA É MAIOR QUE O HIPOPÓTAMO, MAS O HIPOPÓTAMO É MAIS PESADO QUE A GIRAFA.

FRASES

Ciranda escolar

COMPLETE A CANTIGA E DEPOIS PINTE OS PEIXINHOS.

Como pode um peixe vivo
viver fora da água fria?
Como pode um peixe vivo
viver fora da água fria?
Como poderei viver?
Como poderei viver
sem a tua, sem a tua,
sem a tua companhia?

FRASES

Ciranda escolar

OBSERVE AS CENAS E COMPLETE AS FRASES.

DEVEMOS LAVAR AS MÃOS ANTES DAS REFEIÇÕES.

DEPOIS DE BRINCAR, DEVEMOS GUARDAR OS BRINQUEDOS.

Ciranda escolar

CONTORNE AS PALAVRAS DA CANTIGA E DEPOIS PINTE OS PIRULITOS COM CORES DIFERENTES.

Pirulito que bate bate.
Pirulito que já bateu.
Quem gosta de mim é ela,
quem gosta dela sou eu.

FRASES 5

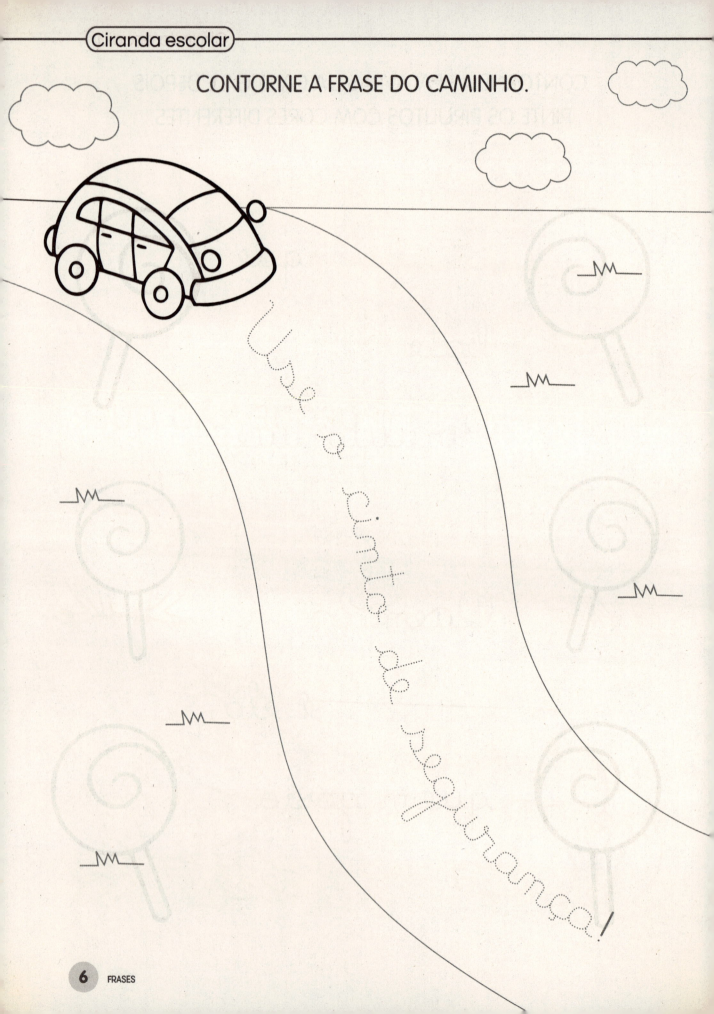

COMPLETE A CANTIGA E PINTE OS SAPOS.

O SAPO NÃO LAVA O PÉ,

NÃO LAVA PORQUE NÃO QUER.

ELE MORA LÁ NA LAGOA,

NÃO LAVA O PÉ PORQUE NÃO QUER.

MAS QUE CHULÉ!

Ciranda escolar

COMPLETE A HISTÓRIA DA LEBRE E DA TARTARUGA.

Era uma vez uma lebre e uma tartaruga.

Elas decidiram apostar uma corrida.

A lebre sabia que a tartaruga andava muito devagar e decidiu tirar um cochilo no meio do caminho.

Então, a tartaruga ultrapassou a lebre e venceu a corrida.

COMPLETE A FRASE E LIGUE AS FIGURAS ÀS PALAVRAS QUE ELAS REPRESENTAM.

O RATO ROEU A ROUPA DO REI DE ROMA.

Ciranda escolar

COMPLETE A MÚSICA E DEPOIS PINTE AS ESTRELINHAS.

Brilha, brilha estrelinha,

Quero ver você brilhar.

Faz de conta que é só minha

Só pra ti irei cantar.

Brilha, brilha estrelinha,

Brilha, brilha lá no céu.

Vou ficar aqui dormindo

Pra esperar Papai Noel.

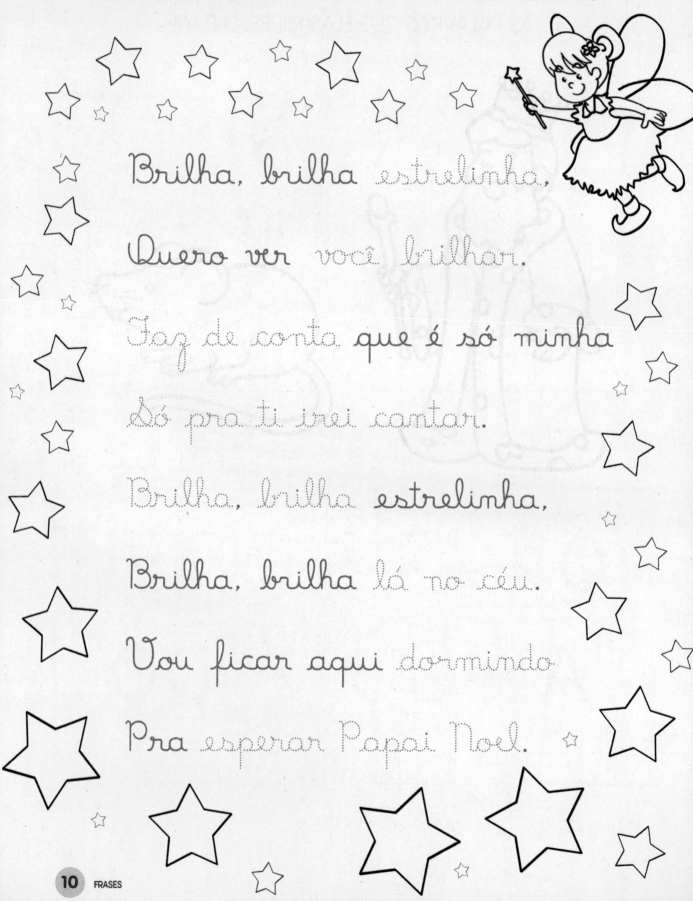

COMPLETE AS FRASES E VEJA COMO PROTEGER O MEIO AMBIENTE.

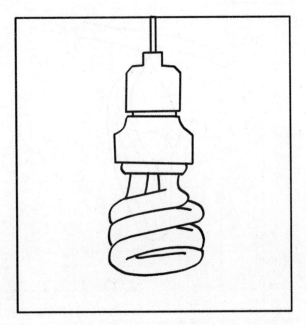

Economizar energia.

Não desperdiçar água.

Reciclar o lixo.

Reutilizar objetos.

Ciranda escolar

CONTORNE AS FRASES E DESCUBRA COMO É O CICLO DE VIDA DA BORBOLETA.

A lagarta nasce e cresce.

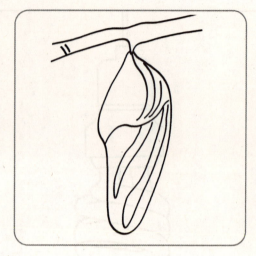

Certo dia, ela decide dormir no casulo.

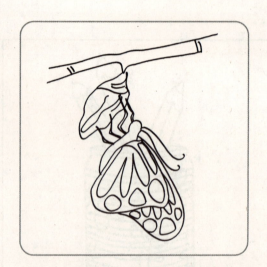

Depois de algum tempo, ela sai do casulo, com asas.

Assim, a lagarta vira uma linda borboleta.

CONTORNE AS FRASES E VEJA COMO NASCE UMA ÁRVORE.

A semente é plantada no solo.

Depois, nascem as primeiras folhas.

A muda vai crescendo cada dia mais.

Até que vira uma árvore bem grande.

Ciranda escolar

COMPLETE AS FRASES, QUE INDICAM BONS HÁBITOS DE HIGIENE.

ESCOVAR OS DENTES APÓS AS REFEIÇÕES.

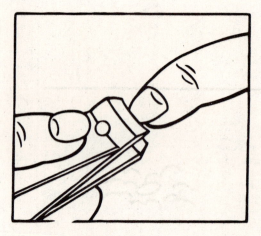

CORTAR AS UNHAS E DEIXÁ-LAS BEM LIMPINHAS.

PENTEAR OS CABELOS PARA DESEMBARAÇÁ-LOS.

TOMAR BANHO TODOS OS DIAS.

Ciranda escolar

COMPLETE AS FRASES E APRENDA QUAL A LIXEIRA CORRETA PARA CADA TIPO DE LIXO. DEPOIS, PINTE AS LIXEIRAS COM AS CORES CORRESPONDENTES.

Cadernos devem ser jogados na lixeira azul.

PAPEL

Jarras de vidro devem ser jogadas na lixeira verde.

VIDRO

Garrafas PET devem ser jogadas na lixeira vermelha.

PLÁSTICO

Latas devem ser jogadas na lixeira amarela.

METAL

Ciranda escolar

COMPLETE AS FRASES DA MÚSICA CONTORNANDO-AS.

PARABÉNS
PRA VOCÊ
NESTA DATA QUERIDA
MUITAS FELICIDADES
MUITOS ANOS DE VIDA.
É PIQUE, É PIQUE,
É PIQUE, É PIQUE, É PIQUE.
É HORA, É HORA,
É HORA, É HORA, É HORA.
RÁ TIM BUM!

Ciranda escolar

CONTORNE AS FRASES E DESCUBRA COMO CUIDAR DA SAÚDE.

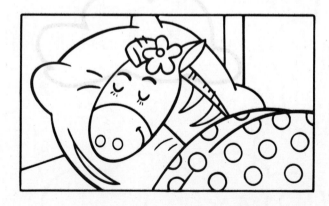

DORMIR BEM.

PRATICAR EXERCÍCIOS.

TER BOA ALIMENTAÇÃO.

TOMAR MUITA ÁGUA.

Ciranda escolar

CONTORNE AS FRASES E DEPOIS PINTE AS NUVENS.

UM DIA NUBLADO TEM MUITAS NUVENS.

UMA NUVEM ESCURA PODE SER SINAL DE CHUVA.

ALGUMAS NUVENS POSSUEM FORMAS DE BICHINHOS.

UM DIA SEM NUVENS É UM DIA ENSOLARADO.

Ciranda escolar

CONTORNE OS PONTILHADOS E VEJA O QUE CADA UM DESTES MEIOS DE TRANSPORTE FAZ.

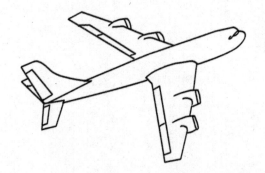

O avião é um meio de transporte que voa.

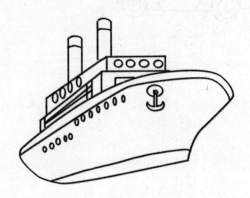

O navio é um meio de transporte que flutua na água.

O ônibus é um meio de transporte que trafega pelas ruas.

Ciranda escolar

OBSERVE AS FIGURAS E COMPLETE AS FRASES.

A estrela ilumina a noite.

Jonas comprou um carro azul.

A sobremesa preferida de Lúcia é sorvete.

O espetáculo do circo é muito divertido.

ESCREVA AS FRASES.

LUANA GOSTA DE PULAR CORDA.

O GATINHO ESTÁ BRINCANDO COM O NOVELO.

O CHAPÉU DO PALHAÇO CAIU.

VOVÓ ZILU FEZ UM BOLO DE LARANJA.

Ciranda escolar

COMPLETE A CANTIGA DO SEU LOBATO.

Seu Lobato tinha um sítio, ia, ia, ô!

E no seu sítio tinha um cachorro, ia, ia, ô!

Era au, au, au pra cá.

Era au, au, au pra lá.

Era au, au, au pra todo lado,

ia, ia, ô!

Seu Lobato tinha um sítio, ia, ia, ô!

E no seu sítio tinha um pato, ia, ia, ô!

Era quá, quá, quá pra cá.

Era quá, quá, quá pra lá.

Era quá, quá, quá pra todo lado,

ia, ia, ô!

22 FRASES

COMPLETE AS FRASES E VEJA O QUE COMPRAR EM CADA UM DESTES LUGARES.

No mercado, podemos comprar comida e produtos de limpeza para a casa.

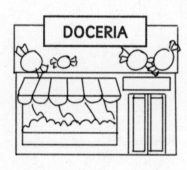

Na doceria, podemos comprar doces para comer depois do jantar.

Na padaria, podemos comprar pães e leite para o café da manhã.

Na farmácia, podemos comprar remédios e produtos de higiene.

Ciranda escolar

COMPLETE A CANTIGA E PINTE A FOGUEIRA.

PULA A FOGUEIRA,

IÁIÁ.

PULA A FOGUEIRA,

IÔIÔ.

CUIDADO PARA

NÃO SE QUEIMAR,

OLHA QUE A

FOGUEIRA

JÁ QUEIMOU

O MEU AMOR.

Ciranda escolar

COMPLETE AS FRASES E VEJA ALGUMAS BOAS AÇÕES QUE PODEMOS FAZER DIARIAMENTE.

JOGAR O LIXO NO LIXO.

EMPRESTAR NOSSOS BRINQUEDOS.

AJUDAR OS IDOSOS A ATRAVESSAR A RUA.

AUXILIAR ALGUÉM QUE PRECISA DE AJUDA.

Ciranda escolar

COMPLETE A CANTIGA E PINTE A CENA.

Comer, comer, comer, comer,
é o melhor para poder crescer!
Comer, comer, comer, comer,
é o melhor para poder crescer!

Quero acordar bem cedinho,
fazer um lanchinho,
laranja, café, leite e pão.
Quero também chocolate
iogurte, abacate, biscoito,
presunto e melão.

26 FRASES

Ciranda escolar

COMPLETE A CANTIGA E PINTE OS VAGÕES DO TREM COM CORES DIFERENTES.

O trem maluco

Quando sai de

Pernambuco

Vai fazendo vuco-vuco

Até chegar no Ceará.

Rebola pai, mãe, filha,

Eu também sou da família

Também quero rebolar.

FRASES 27

Ciranda escolar

OBSERVE AS CENAS E COMPLETE AS FRASES.

DIEGO GANHOU UM PRESENTE. ERA UM CARRINHO DE BRINQUEDO.

O GATINHO ACHOU UM NOVELO E SE DIVERTIU BRINCANDO COM ELE.

MARINA PEGOU O SEU PRATO E FOI COMER NA SALA DE JANTAR.

Ciranda escolar

COMPLETE A CANTIGA E PINTE OS BALÕES.

Cai, cai balão,

Cai, cai balão,

Aqui na minha mão.

Não cai não, não cai

não, não cai não!

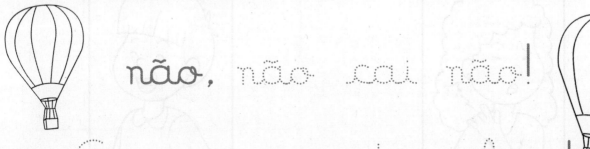

Cai na rua de sabão!

FRASES 29

Ciranda escolar

COMPLETE AS FRASES E VEJA QUAIS SÃO AS SENSAÇÕES PRESENTES NAS CENAS.

DÊNIS ESTÁ SENTINDO TRISTEZA.

FERNANDA ESTÁ SENTINDO RAIVA.

ALINE ESTÁ SENTINDO DOR.

BRUNO ESTÁ SENTINDO FELICIDADE.

COMPLETE A CANTIGA.

Um, dois, três indiozinhos

Quatro, cinco, seis indiozinhos

Sete, oito, nove indiozinhos

Dez num pequeno bote.

Iam navegando pelo rio abaixo

Quando um jacaré se aproximou

E o pequeno bote dos indiozinhos

Quase, quase virou.

Mas não virou!

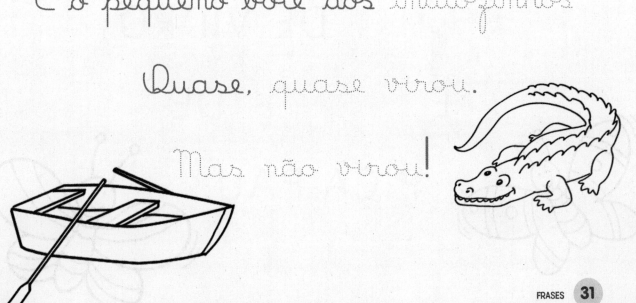

Ciranda escolar

COMPLETE A CANÇÃO E PINTE AS BORBOLETAS.

BORBOLETINHA
ESTÁ NA COZINHA
FAZENDO CHOCOLATE
PARA A MADRINHA.
POTI, POTI
PERNA DE PAU
OLHO DE VIDRO
E NARIZ DE
PICA-PAU.